This book belongs to

....

....

Date : ....

Date : ....

Date : ....

Date : ....

Date : ....

Date : ....

Date : ....

Date : ....

Date : ....

Date : ....

Date : ....

Date : ....

Date : ....

Date : ....

Date : ....

Date : ....

Date : ....

Date : ....

Date : ....

Date : ....

Date : ....

Date : ....

Date : ....

Date : ....

Date : ....

Date : ....

Date : ....

Date : ....

Date : ....

Date : ....

Date : ....

Date : ....

Date : ....

Date : ....

Date : ....

Date : ....

Date : ....

Date : ....

Date : ....

Date : ....

Date : ....

Date : ....

Date : ....

Date : ....

Date : ....

Date : ....

Date : ....

Date : ....

Date : ....

Date : ....

Date : ....

Date : ....

Date : ....

Draw what I learned here ⬇

Date : ....

Date : ....

Draw what I learned here ⬇

Date : ....

Date : ....

Draw what I learned here

Date : ....

Date : ....

Draw what I learned here ⬇

Date : ....

Date : ....

Draw what I learned here ⬇

Date : ....

Date : ....

Draw what I learned here ⬇

Date : ....

Date : ....

Draw what I learned here ⬇

Date : ....

Date : ....

Draw what I learned here ⬇

Date : ....

Date : ....

Draw what I learned here ⬇

Date : ....

Date : ....

Draw what I learned here ⬇

Date : ....

Date : ....

Draw what I learned here ⬇

Date : ....

Date : ....

Draw what I learned here ⬇

Date : ....

Date : ....

Draw what I learned here ⬇

Date : ....

Date : ....

Draw what I learned here ⬇

Date : ....

Date : ....

Draw what I learned here ⬇

www.ingramcontent.com/pod-product-compliance
Lightning Source LLC
LaVergne TN
LVHW081817161224
799261LV00042B/864